Trainingsplanung für Beweglichkeit und Koordination. Ein praxisorientierter Ansatz

Elias Bavuso

Bibliografische Information der Deutschen Nationalbibliothek:

Die Deutsche Nationalbibliothek verzeichnet diese Publikation in der Deutschen Nationalbibliografie; detaillierte bibliografische Daten sind im Internet über http://dnb.d-nb.de abrufbar.

ISBN: 9783389084571
Dieses Buch ist auch als E-Book erhältlich.

© GRIN Publishing GmbH
Trappentreustraße 1
80339 München

Druck und Bindung: Books on Demand GmbH, Norderstedt Germany
Gedruckt auf säurefreiem Papier aus verantwortungsvollen Quellen

Das vorliegende Werk wurde sorgfältig erarbeitet. Dennoch übernehmen Autoren und Verlag für die Richtigkeit von Angaben, Hinweisen, Links und Ratschlägen sowie eventuelle Druckfehler keine Haftung.

Das Buch bei GRIN: https://www.grin.com/document/1514100

Deutsche Hochschule für
Prävention und Gesundheitsmanagement
Hermann-Neuberger-Sportschule 3
66123 Saarbrücken

Hausarbeit

Name, Vorname	Bavuso, Elias
Studiengang	Fitnessökonomie
Studienmodul	Trainingslehre 3
Datum Präsenzphase (siehe Ergebnisdokumentation)	22.08.-24.08.2022
Aufgabe	Erstellung einer Trainingsplanung für ein Beweglichkeits- und Koordinationstraining

Inhaltsverzeichnis

1   Personendaten

In dieser Aufgabe soll ein Beweglichkeits-, sowie Koordinationstraining erstellt werden. Aus Datenschutzgründen wird die beschriebene Person als „der Kunde" bezeichnet.

1.1   Allgemeine biometrische Daten

Die folgende Tabelle stellt die allgemeinen biometrischen Daten des Kunden dar.

Tabelle 1: Allgemeine biometrische Daten (eigene Darstellung)

Alter	32
Geschlecht	Männlich
Körpergröße	185 cm
Körpergewicht	95 kg
Trainingsmotive	Beweglichkeit und Koordination verbessern
Berufliche Tätigkeit	Unternehmensberatung, Sitzberuf im Büro oder Homeoffice
Aktuelle sportliche Aktivität	dreimal pro Woche 60 Minuten Krafttraining (Ganzkörper Trainingsplan) im Fitnessstudio seit 5 Jahren
Frühere sportliche Aktivität	Vom 8. bis zum 16. Lebensjahr zweimal pro Woche Handball im Verein gespielt (Bezirksliga), vom 10. bis zum 26. Lebensjahr zweimal pro Woche Tennis im Verein gespielt (Bezirksliga)
Zeitlicher Verfügungsrahmen	dreimal pro Woche für jeweils 60-120 Minuten Trainingszeit
Orthopädische Probleme	keine
Internistische Probleme	keine
Ärztliche Behandlungen	keine
Einnahme von Medikamenten	keine
Sonstige gesundheitliche Einschränkungen	keine

1.2   Beurteilung der individuellen Beweglichkeit

Der Kunde ist fit und belastbar. Er hat keine Vorerkrankungen, Verletzungen oder sonstige Kontraindikationen. Ein Beweglichkeitstraining kann dementsprechend unter optimalen Bedingungen absolviert werden. Von einer muskulären Dysbalance als sportartspezifische Adaption ist nicht auszugehen, da der Kunde seit 16 Jahren kein Handball und seit 6 Jahren kein Tennis mehr spielt. Es ist davon auszugehen, dass durch das regelmäßige und ausgeglichene Ganzkörper Krafttraining im Fitnessstudio die letzten 5 Jahre keine signifikanten Dysbalancen vorhanden sind. Den potentiellen muskulären Dysbalancen durch geschwächte Muskelpartien, durch die Alltagsbelastung (Sitzberuf), wird somit ebenfalls entgegengewirkt (Wiemann et al., 1998).
Auch ist aktuell nicht davon auszugehen, dass aufgrund der unphysiologischen Alltagsbelastung (Sitzberuf), neurophysiologische Störungen vorhanden sind, da der Kunde

durch das Krafttraining als Ausgleich seine Gelenke über die vollen physiologischen Bewegungsamplituden mobilisiert und somit die Beweglichkeit fördert. Dadurch, dass der Kunde immer über die vollständige Bewegungsamplitude trainiert und die exzentrische Bewegungsphase bei den Übungen zeitlich betont, lassen sich bereits durch das Krafttraining Beweglichkeitsverbesserungen erzielen, welche gleichwertig zu einem isolierten Dehntraining, in Hinsicht auf die positiven Effekte auf die Beweglichkeit sind (Alter, M. J. 2004).

Der Kunde selbst, fühlt sich im Alltag und beim Krafttraining aktuell nicht eingeschränkt in seiner Bewegungsamplitude, weshalb das Beweglichkeitstraining mehr als Optimierung und Prävention der Beweglichkeit zu sehen ist, um eventuell beruflich bedingte Haltungsfehler oder Schmerzen zu verhindern.

1.3 Beurteilung der individuellen Gleichgewichtsfähigkeit

Der Kunde ist fit und belastbar. Er hat keine Vorerkrankungen, Verletzungen oder sonstige Kontraindikationen. Ein Gleichgewichtstraining kann dementsprechend unter optimalen Bedingungen absolviert werden.

Bei der Gleichgewichtsfähigkeit ist von einer mittelmäßigen Gleichgewichtsfähigkeit auszugehen, da der Kunde aktuell im Alltag nicht mehr viele Situationen hat, bei denen das Halten und Wiederherstellen des Körpergleichgewichts bei wechselnden Umwelt- bzw. Situationsbedingungen auf kleinen Unterstützungsflächen gefordert wird. Im Fitnessstudio kombiniert der Kunde Übungen an Geräten (z.B. Latzugmaschine, Beinstreckermaschine) mit Freihanteltraining (z.B. Bulgarian Split Squats, Kurzhantelbankdrücken). Bei einigen Freihantelübungen wird somit ebenfalls die Gleichgewichtsfähigkeit etwas trainiert. Er trainiert hierbei jedoch eher die Fähigkeit der Koordination, welche in intramuskuläre und intermuskuläre Koordination zu unterscheiden ist (Chwilkowski, 2006). Es ist davon auszugehen, dass die sportartspezifische Gleichgewichtsfähigkeit, welche durch Handball und Tennis erworben wurde, nicht mehr sonderlich ausgeprägt ist, aufgrund des langen zeitlichen Abstands (seit 16 Jahren kein Handball und seit 6 Jahren kein Tennis mehr). Aufgrund dessen ist davon auszugehen, dass durch die verminderte Beanspruchung der Gleichgewichtsfähigkeit im Alltag der letzten 6 Jahre einige Defizite in dieser Fähigkeit vorhanden sind.

2 Trainingsplanung Beweglichkeitstraining

2.1 Übungsauswahl und Dehnmethoden Beweglichkeitstraining

Die folgende Tabelle stellt die Übungsauswahl und Dehnmethoden des Beweglichkeitstrainings dar.

Tabelle 2: Übungsauswahl und Dehnmethoden Beweglichkeitstraining (eigene Darstellung)

	Zielmuskulatur	Dehnmethode/Arbeitsweise	Bewegungsbeschreibung
1.	Musculus pectoralis major	passiv/statisch	Um den großen Brustmuskel (M. pectoralis major) zu dehnen, stellt man sich zuerst ca. 30 cm seitlich neben eine Wand. Anschließend stellt man den zur Wand zugewandten Fuß ca. 30 cm vor

			den anderen Fuß. Der im 90° angewinkelte zur Wand zugewandte Arm wird nun auf Schulterhöhe nach hinten geführt und das Ellbogengelenk wird auf Schulterhöhe an die Wand gelegt. Im Anschluss, wird der Oberkörper entgegen der Kontraktionsrichtung des M. pectoralis major abgedreht. Diese Position wird nun gehalten.
2.	Musculus latissimus dorsi	passiv/statisch	Um den M. latissimus dorsi zu dehnen, wird zuerst ein Vierfüßlerstand auf dem Boden eingenommen. Im Anschluss legt man den einen Handrücken auf den anderen Handrücken. Im Anschluss zieht man die untere Hand unter der oberen Hand weg und legt nun diese mit der Handinnenfläche auf die andere Handinnenfläche. Danach schiebt man die Hüfte nach hinten und lehnt den Oberkörper Richtung Boden auf die zu dehnende Seite und dreht den Oberkörper und Kopf zur gegenüberliegenden Seite. Diese Position wird nun gehalten.
3.	Musculus iliopsoas	aktiv/statisch	Um den Musculus iliopsoas zu dehnen, wird zuerst ein Halbkniestand eingenommen. Das vordere Bein ist dabei so angewinkelt, dass der Winkel zwischen Wade und Oberschenkel ca. 90° beträgt. Das hintere Knie wird so weit wie möglich nach hinten geführt und liegt zusammen mit dem Fußrücken auf dem Boden auf. Der Oberkörper bleibt aufrecht und die Hände werden auf dem vorderen Knie abgestützt. Diese Position wird nun gehalten.
4.	Musculus quadriceps femoris (speziell rectus femoris)	passiv/statisch	Um den m. rectus femoris zu dehnen wird zuerst ein Halbkniestand eingenommen. Das vordere Bein ist dabei so angewinkelt, dass der Winkel zwischen Wade und Oberschenkel ca. 90° beträgt. Die hintere Fußrückseite wird auf einer ungefähr hüfthohen Ablage aufgelegt. Das hintere Knie wird so nahe Richtung Ablage geführt, bis eine Dehnung im rectus femoris zu spüren ist. Der Oberkörper bleibt aufrecht und die Hände werden auf dem vorderen Knie abgestützt. Diese Position wird nun gehalten

5.	Ischiocrurale Muskulatur (Musculus biceps femoris, Musculus semitendinosus, Musculus semimembranosus)	passiv/postisometrisch	Um die ischiocrurale Muskulatur zu dehnen, legt man sich mit dem Rücken auf den Boden. Die Arme liegen ausgestreckt seitlich neben dem Körper. Das eine Bein liegt ausgestreckt auf dem Boden und das andere Bein wird nach oben ausgestreckt. Hierbei handelt es sich um eine Fremddehnung. Der Dehnpartner fasst das nach oben ausgestreckte Bein an der Wade an und fixiert gleichzeitig das andere Bein am Oberschenkel mit seinem Knie auf dem Boden. Anschließend übt der Dehnpartner leichten Druck auf das nach oben ausgestreckte Bein aus, um es etwas nach hinten Richtung Kopf der zu dehnenden Person ran zuführen, bis diese einen leichten Dehnreiz verspürt. Im Anschluss wird die zu dehnende Muskulatur isometrisch kontrahiert, indem die zu dehnende Person gegen die Hand des Dehnpartners drückt. Direkt danach wird die Muskulatur völlig entspannt. Anschließend übt der Dehnpartner wieder etwas Druck aus, sodass ein deutlich spürbarer Dehnreiz zu spüren ist. Diese Position wird nun wieder statisch gehalten. Dieser Ablauf wird ein paar Mal wiederholt.
6.	Musculus gluteus maximus, Musculus Gluteus Medius, Musculus Gluteus Minimus	passiv/statisch	Um den Musculus Gluteus zu dehnen, liegt man zuerst mit ausgestreckten Beinen auf dem Boden. Die Arme liegen ebenfalls ausgestreckt seitlich neben dem Körper. Anschließend wird das eine Bein angehoben und mit beiden Händen am Knie zum Oberkörper gezogen. Jetzt fasst man mit der gegenüberliegenden Hand an den Fuß oberhalb des Knöchels und zieht diesen zu sich ran und drückt gleichzeitig mit dem Knie gegen die am Knie platzierte Hand. Diese Position wird nun gehalten.
7.	Adduktoren (M. adductor brevis, M. adductor longus, M. adductor magnus, M. pectnieus)	passiv/dynamisch	Um die Adduktoren zu dehnen, setzt man sich zunächst mit ausgestreckten Beinen auf den Boden. Im Anschluss zieht man die Beine zu sich ran und spreizt diese dann so nach außen, dass sich die Fußsohlen in der Mitte treffen. Der Rücken bleibt gerade währenddessen. Jetzt platziert man die Hände auf den Knien und übt etwas Druck nach

			unten aus, als würde man die Knie Richtung Boden drücken wollen. Diese Dehnposition wird jetzt immer wieder im Wechsel eingenommen und verlassen. Die Bewegungsamplitude bleibt jedoch immer relativ klein und die Bewegung wird stets langsam und kontrolliert ausgeführt.
8.	Musculus trapezius (pars descendens)	passiv/statisch	Um den m. trapezius (pars descendens) zu dehnen, setzt man sich zuerst aufrecht hin. Anschließend winkelt man den einen Arm an und legt die Hand auf die Brust und dann zieht man den Ellbogen und die Schulter nach unten. Danach dreht man den Kopf 45 Grad in die Richtung auf der die Schulter nach unten gezogen wird. Anschließend nimmt man die andere Hand über den Kopf und lässt die Fingerspitzen ungefähr dort ankommen, wo das Ohr aufhört. Jetzt zieht man das Kinn Richtung Kehlkopf und bewegt den Kopf in die gegenüberliegende Richtung, wo die Schulter nach unten gezogen wird. Diese Position wird nun gehalten.
9.	Musculus gastrocnemius	passiv/statisch	Um den m. gastrocnemius zu dehnen, wird zuerst ein Ausfallschritt gemacht und die Hände an der Wand abgestützt. Im Anschluss wird das vordere Kniegelenk gebeugt und das hintere durchgestreckt, so dass von den Schultern bis zur Ferse eine gerade Linie entsteht. Dann wird der Rumpf und das Becken langsam nach vorne bewegt, bis zu dem Punkt, wo die hintere Ferse beginnt sich vom Boden zu lösen. Diese Position wird nun gehalten.
10.	Musculus pectoralis major	aktiv/dynamisch	Um den m. pectoralis major zu dehnen, stellt man sich ungefähr hüftbreit auf den Boden. Im Anschluss nimmt man die ausgestreckten Arme seitlich bis auf Schulterhöhe nach oben. Die Handinnenfläche zeigt nach vorne. Anschließend führt man den Arm nach hinten und im Wechsel wieder in die Ausgangsposition. Die Dehnposition wird also jetzt immer wieder im Wechsel eingenommen und verlassen. Die Bewegungsamplitude bleibt jedoch immer relativ klein und die Bewegung wird stets langsam und kontrolliert ausgeführt.

2.2 Belastungsgefüge Beweglichkeitstraining

Die folgende Tabelle stellt das Belastungsgefüge für das Beweglichkeitstraining dar.

Tabelle 3: Belastungsgefüge Beweglichkeitstraining (eigene Darstellung)

Belastungsparameter	
Trainingshäufigkeit/Woche:	3-mal pro Woche
Sätze/Übung:	3 Sätze pro Übung
Dehndauer:	45 Sekunden bei statisch, 15 Wiederholungen bei dynamisch, bei postisometrisch: 6-10 Sekunden isometrisch kontrahieren, 2-3 Sekunden völlige Entspannung, 10-20 Sekunden Dehnposition mit deutlich spürbarem Dehnreiz statisch halten (im Wechsel ca. 60 Sekunden lang wiederholen)
Dehnintensität:	Submaximal, oberhalb der Dehngrenze

2.3 Begründung zur Trainingsplanung für das Beweglichkeitstraining

Die Trainingsplanung für das Beweglichkeitstraining beinhaltet zehn verschiedene Übungen, die alle wichtigen Muskel-Gelenk-Systeme (Schultergürtel mit oberen Extremitäten, Wirbelsäule und Beckengürtel mit unteren Extremitäten) berücksichtigt. Außerdem ist der Kunde fit und belastbar. Er hat keine Vorerkrankungen, Verletzungen oder sonstige Kontraindikationen. Ein Beweglichkeitstraining kann dementsprechend unter optimalen Bedingungen absolviert werden. Beim Kunde liegen keine akuten signifikanten Einschränkungen in der Beweglichkeit vor. Allerdings wird aufgrund der unphysiologischen Alltagsbelastung (Sitzberuf), präventiv der Fokus auf Übungen und Körperpartien gelegt, die dieser entgegensteuern, um die daraus potentiell resultierenden Probleme zu minimieren. Das Beweglichkeitstraining wird als Nachdehnen am Ende des ganzheitlichen Trainingsplans absolviert, also nach dem Krafttraining, um nicht den zeitlichen Verfügungsrahmen des Kunden zu sprengen, da dieser keine Zeit und Motivation für ein separates isoliertes Dehntraining hat. Der Kunde benötigt somit also kein weiteres separates Aufwärmen vor dem Beweglichkeitstraining. Die erste Dehnübung ist für den M. pectoralis major, die Dehnmethode ist passiv und die Arbeitsweise statisch. Die Übung ist einfach in der Anwendung und überall auszuführen und gut geeignet für den Leistungsstand des Kunden. Das einzige Hilfsmittel, welches benötigt wird, ist eine Wand. Durch die statische Arbeitsweise, ist die Übung auch für den Kunden, welcher vorher noch kein isoliertes Dehntraining betrieben hatte, einfach anzuwenden. Das Verletzungsrisiko ist bei dieser Methode minimiert, da durch das langsame Einnehmen der Position, Muskeldehnungsreflexe soweit wie möglich verringert werden. Die zweite Dehnübung ist für den M. latissimus dorsi und die Dehnmethode ist ebenfalls passiv und die Arbeitsweise statisch aufgrund der zuvor genannten Vorteile dieser Methoden und Arbeitsweisen. Da der m. latissimus dorsi ebenfalls wie der m. pectoralis major für eine Innenrotation des Humerus sorgt, wird dieser ebenfalls gedehnt, da diese dazu neigen bei einer sitzenden beruflichen Tätigkeit durch die ständige Armhaltung vor dem Körper, verspannt zu sein. Deshalb befindet sich im Trainingsplan auch noch eine weitere Dehnübung für den m. pectoralis major. Hierbei handelt es sich jedoch im Gegensatz zur ersten Übung um eine aktive Dehnmethode mit dynamischer Arbeitsweise, um die verschiedenen Vorteile der

Methoden zu nutzen. Der Vorteil der aktiven Methode ist, dass die Dehnung durch eine Kontraktion der Antagonisten eingenommen wird und dies somit gleichzeitig zu deren Kräftigung betragen kann. Bei der dynamischen Arbeitsweise wird die Dehnposition immer abwechselnd eingenommen und wieder verlassen. Wichtig hierbei ist, darauf zu achten, dass die Bewegungen kontrolliert, langsam und mit einer relativ geringen Bewegungsamplitude durchgeführt werden, um Verletzungen zu vermeiden. Außerdem wichtig für den Kunden sind die im Trainingsplan eingebauten Dehnübungen für den m. iliopsoas, die ischiocruale Muskulatur, die Adduktoren und den m. gluteus, um der permanenten sitzenden Alltagsbelastung entgegenzuwirken. Der m. iliopsoas wird aktiv/statisch gedehnt. Die ischiocruale Muskulatur wird als einzige passiv/postisometrisch gedehnt (Hohmann, Lames & Letzelter; 2002, Sölveborn, 1983), da diese Methode eine eher komplizierte Form ist, Erfahrung und eine Fremddehnung (Partnerdehnung) erfordert und man sich somit während der Bewegungsplanung und Durchführung auch in Abhängigkeit einer zweiten Person befindet (Glück, 2005). Die Adduktoren werden passiv/dynamisch gedehnt und der m. gluteus wiederrum passiv/statisch. Des Weiteren wird noch der Musculus quadriceps femoris, als einer der wichtigen Extremitäten des Beckengürtels, gedehnt (passiv/statisch). Eine weitere Dehnübung (passiv/statisch) ist für den m. trapezius (pars descendens), da dieser ebenfalls durch die sitzende Alltagsbelastung zu Verspannungen neigt und hier eine entgegenwirkende Dehnübung sinnvoll ist (Punjama Tunwattanapong et al. 2016). Außerdem ist noch eine Dehnübung (passiv/statisch) für den m. gastrocnemius mit im Trainingsplan enthalten, um eine weitere wichtige untere Extremität des Beckengürtels abzudecken.

Die Trainingshäufigkeit beträgt dreimal pro Woche. Zu diesem Parameter wurden bisher keine wissenschaftlichen Studien durchgeführt, da das Dehnen allerdings zu keiner starken energetisch bedingten Ermüdung führt, kann auch tägliches Dehntraining für Fitnesssportler ratsam sein. Beim Kunden wurde sich mit dreimal pro Woche am Minimalprogramm orientiert, da der Kunde bereits dreimal pro Woche Krafttraining ausführt und dies sowohl den zeitlichen Verfügungsrahmen sprengen würde, als auch die Motivation gefährden könnte. Die Dehndauer beträgt bei allen statischen Dehnungen 45 Sekunden und orientiert sich am Optimalprogramm. Dies hat sich zur gezielten Verbesserung der Beweglichkeit als sinnvoll erwiesen hat. Eine längere Dehndauer würde keinen signifikanten Mehrwert bringen (Schönthaler & Ohlendorf, 2002). Bei dynamischen Dehnungen beträgt die Wiederholungsanzahl 15 Wiederholungen pro Satz (Freiwald, 2004). Beim postisometrischen Dehnen wird zuerst eine leichte Dehnposition eingenommen und im Anschluss wird die Muskulatur für ca. 6-10 Sekunden isometrisch kontrahiert. Direkt nach dieser Kontraktion wird die Muskulatur für ca. 2-3 Sekunden komplett entspannt. Anschließend wird eine Dehnposition mit deutlich spürbarem Dehnreiz eingenommen, in diesem Fall geschieht dies passiv durch Fremddehnung (Glück, 2005). Diese eingenommene Dehnposition wird nun wieder für ca. 10-20 Sekunden statisch gehalten (Hohmann, Lames & Letzelter; 2002, Sölveborn, 1983). Dieser beschriebene Wechsel zwischen der isometrischen Kontraktion und Dehnung wird nun für eine Dauer von ca. 60 Sekunden wiederholt. Diese Methode, welche auch unter der Bezeichnung CHRS-Dehnung (contract-hold-relx-stretching) bekannt ist (Knebel, 1985), kommt jedoch nur einmal im Trainingsplan vor, da sie relativ kompliziert in der Umsetzung ist und Erfahrung benötigt. Die Dehnintensität befindet sich leicht oberhalb der Dehngrenze (Beginn des Dehnschmerzes), auch wenn Studien gezeigt haben, dass die größten Effekte deutlich oberhalb der Dehngrenze und knapp unter der maximalen Bewegungsreichweite erzielt wurden (Schönthaler & Ohlendorf, 2002). Der Kunde ist zwar belastbar, hat allerdings zuvor noch kein isoliertes Dehntraining betrieben und ist eher der Zielgruppe des Fitnesssports zuzuordnen, weshalb eine maximal tolerierbare Schmerzgrenze vermieden und eine möglichst hohe Dehnspannung angestrebt werden sollte. Auch das Dehnen leicht oberhalb der

Dehngrenze führt zu Verbesserungen in der Bewegungsamplitude (Schönthaler & Ohlendorf, 2002) und ist in diesem Fall deutlich zielgruppengerechter. In Bezug auf die Satzanzahl pro Übung, gibt es wenige deckungsgleiche Aussagen von Seiten der Wissenschaft. Hierbei wurde sich für drei Sätze pro Übung entschieden, da alles bis zu vier Sätzen pro Übung von der Tendenz als sinnvoll erachtet wird (Schönthaler & Ohlendorf, 2002).

3 Trainingsplanung Koordinationstraining

3.1 Übungsauswahl Koordinationstraining

Die folgende Tabelle stellt die Übungsauswahl für das Koordinationstraining dar.

Tabelle 4: Übungsauswahl Koordinationstraining (eigene Darstellung)

	Bewegungsbeschreibung:	Hilfsmittel/Kleingeräte:
1.	Die Ausgangsposition ist ein Einbeinstand auf dem Boden. Das Standbein ist gestreckt und das andere Bein ist im Hüft- und Kniegelenk im 90 Grad Winkel gebeugt. Die Arme hängen gestreckt neben dem Körper. Der Kopf und Blick sind nach vorne gerichtet.	keine
2.	Die Ausgangsposition ist ein Einbeinstand auf dem Boden. Das Standbein ist gestreckt. Das andere Bein ist nun ebenfalls gestreckt und wird abwechselnd von vorne nach hinten gependelt Die Arme hängen gestreckt neben dem Körper. Der Kopf und Blick sind nach vorne gerichtet.	keine
3.	Die Ausgangsposition ist ein Einbeinstand auf dem Boden. Das Standbein ist gestreckt. Das andere Bein ist ebenfalls gestreckt und wird in einer kreisförmigen Bewegung vor dem Körper im Uhrzeigersinn bewegt. Die Arme hängen gestreckt neben dem Körper. Der Kopf und Blick sind nach vorne gerichtet.	keine
4.	Die Ausgangsposition ist ein Einbeinstand auf dem Boden. Das Standbein ist gestreckt. Das andere Bein ist ebenfalls gestreckt und wird zuerst vor dem Körper in einer kreisförmigen Bewegung im Uhrzeigersinn geführt und anschließend übergehend in eine kreisförmige Bewegung hinter dem Körper gegen den Uhrzeigersinn geführt, so dass eine fließende 8-förmige Bewegung abwechselnd von vorne nach hinten entsteht. Die Arme hängen gestreckt neben dem Körper. Der Kopf und Blick sind nach vorne gerichtet.	keine
5.	Die Ausgangsposition ist ein Einbeinstand auf dem Airex-Kissen. Das Standbein ist gestreckt und das andere Bein ist im Hüft- und Kniegelenk im 90 Grad Winkel gebeugt. Die Arme hängen gestreckt neben dem Körper. Der Kopf und Blick sind nach vorne gerichtet.	Airex-Kissen
6.	Die Ausgangsposition ist ein Einbeinstand auf dem Airex-Kissen. Das Standbein ist gestreckt. Das andere Bein ist nun ebenfalls gestreckt und wird abwechselnd	Airex-Kissen

	von vorne nach hinten gependelt. Die Arme hängen gestreckt neben dem Körper. Der Kopf und Blick sind nach vorne gerichtet.	
7.	Die Ausgangsposition ist ein Einbeinstand auf dem Airex-Kissen. Das Standbein ist gestreckt. Das andere Bein ist ebenfalls gestreckt und wird in einer kreisförmigen Bewegung vor dem Körper im Uhrzeigersinn bewegt. Die Arme hängen gestreckt neben dem Körper. Der Kopf und Blick sind nach vorne gerichtet.	Airex-Kissen
8.	Die Ausgangsposition ist ein Einbeinstand auf dem Airex-Kissen. Das Standbein ist gestreckt. Das andere Bein ist ebenfalls gestreckt und wird zuerst vor dem Körper in einer kreisförmigen Bewegung im Uhrzeigersinn geführt und anschließend übergehend in eine kreisförmige Bewegung hinter dem Körper gegen den Uhrzeigersinn geführt, so dass eine fließende 8-förmige Bewegung abwechselnd von vorne nach hinten entsteht. Die Arme hängen gestreckt neben dem Körper. Der Kopf und Blick sind nach vorne gerichtet.	Airex-Kissen
9.	Die Ausgangsposition ist ein Einbeinstand auf dem Airex-Kissen mit geschlossenen Augen. Das Standbein ist gestreckt und das andere Bein ist im Hüft- und Kniegelenk im 90 Grad Winkel gebeugt. Die Arme hängen gestreckt neben dem Körper. Der Kopf ist nach vorne gerichtet und die Augen sind nun geschlossen.	Airex-Kissen
10.	Die Ausgangsposition ist ein Einbeinstand auf dem Airex-Kissen mit geschlossenen Augen. Das Standbein ist gestreckt. Das andere Bein ist nun ebenfalls gestreckt und wird abwechselnd von vorne nach hinten gependelt Die Arme hängen gestreckt neben dem Körper. Der Kopf ist nach vorne gerichtet und die Augen sind nun geschlossen.	Airex-Kissen

3.2 Belastungsgefüge Koordinationstraining

Die folgende Tabelle stellt das Belastungsgefüge für das Koordinationstraining dar.

Tabelle 5: Belastungsgefüge Koordinationstraining (eigene Darstellung)

Belastungsparameter	
Trainingshäufigkeit/Woche:	3-mal pro Woche
Sätze/Übung:	2 Sätze pro Übung
Satzpausen:	60 Sekunden
Belastungsdauer:	30 Sekunden Haltedauer bei statischen Übungen oder 20 Wiederholungen bei dynamischen Bewegungsabläufen

3.3 Begründung zur Trainingsplanung für das Koordinationstraining

Das Koordinations- bzw. Gleichgewichtstraining dient hierbei vor allem zum sportartbegleitenden Training, um das Bewegungsrepertoire zu vervollständigen. Das Gleichgewichtstraining dient als perfekte Ergänzung zum Krafttraining (Olivier N, Marschall F, Büsch D, 2008). Der ganzheitliche Trainingsplan beginnt mit einem Aufwärmen (Ausdauer, Puls: 128). Im Anschluss kommt das Koordinationstraining, dann folgt das Krafttraining und zum Schluss das Beweglichkeitstraining. Das Koordinationstraining sollte nämlich im ausgeruhten Zustand zu Beginn einer Trainingseinheit (nach Aufwärmen) absolviert werden (Chwilkowski, 2006; Häfelinger & Schuba, 2007). Bei allen folgenden Übungen wird als Fußhaltung „der kurze Fuß nach Janda" eingenommen, welcher eine wichtige Rolle bei der Statik bzw. Stabilität spielt (Häfelinger & Schuba, 2007). Die Übungen sind systematisch aufeinander aufgebaut im Sinne einer methodischen Übungsreihe. Es wird mit leichten Übungen begonnen, die dann gesteigert werden, sodass zunächst mit statischen Stabilisationsübungen begonnen und anschließend zu dynamischen Übungen übergegangen wird. Wenn alle Übungen im einbeinigen Stand auf festem Boden absolviert wurden, dann folgen dieselben Übungen mit dem Airex-Kissen. Dieses bietet eine instabilere Unterlage und erhöht somit den Schwierigkeitsgrad. Die letzten beiden Übungen stellen die schwierigste Variante dar, weil hier noch zusätzlich die Augen geschlossen sind, was der Schulung der Tiefensensibilität durch wegfallen der optischen Raumorientierung dient. Die Trainingshäufigkeit beträgt dreimal pro Woche. Somit hat der Kunde dreimal pro Woche eine Trainingseinheit bestehend aus Aufwärmen (Ausdauer, Puls: 128, 5 Minuten), Koordinations bzw. Gleichgewichtstraining, Krafttraining und Beweglichkeitstraining, ohne den zeitlichen Verfügungsrahmen der Person zu sprengen. Da alles bis zu fünf Sätzen pro Übung als sinnvoll gilt (Chwilkowski, 2006), wird beim Kunden zunächst mit 2 Sätzen gearbeitet, da er noch als Anfänger einzuordnen ist. Aus demselben Grund beträgt die Satzpausendauer 60 Sekunden, da hier eine Dauer von mindestens 45 Sekunden als sinnvoll gilt (Chwilkowski, 2006). Bei den ersten Trainingseinheiten, wird die Dauer der statischen und die Wiederholungszahl der dynamischen Übungen, vom subjektiven Belastungsempfinden abhängig gemacht. Später werden dann die statischen Übungen mit 30 Sekunden (sinnvoll sind 5-60 Sekunden) Haltedauer und die dynamischen Übungen mit 20 Wiederholungen (sinnvoll sind 5-30 Wiederholungen) absolviert (Chwilkowski, 2006). Sobald die Konzentration oder die Bewegungsqualität abnimmt, wird abgebrochen (Chwilkowski, 2006). Die Dauer des gesamten Gleichgewichtstrainings liegt zwischen 10 und 20 Minuten (sinnvoll sind 10-45 Minuten (Chwilkowski, 2006)).

4 Literaturrecherche

Die folgenden Literaturrecherchen behandeln die Thematik „Effekte des Dehnens auf die Bewegungsreichweite".

Tabelle 6: Literaturrecherche (eigene Darstellung)

Wer hat die Studie durchgeführt?	Özge Tahran, Sevgi Sevi Yeşilyaprak	Lane B Bailey, Charles A Thigpen, Richard J Hawkins, Paul F Beattie, Ellen Shanley
In welchem Jahr wurde die Studie publiziert?	2020	2017
Welche Forschungsfrage wurde untersucht?	Die Auswirkungen modifizierter Dehnübungen für die hintere Schulter auf die Schultermobilität, Schmerzen und Dysfunktion bei Patienten mit einem subakromialem Impingement-Syndrom	Die Wirksamkeit der manuellen Therapie und Dehnen für Baseballspieler mit Bewegungsdefiziten im Schulterbereich.
Mit welchen Versuchspersonen wurde die Studie durchgeführt?	Mit insgesamt 67 symptomatischen Patienten mit subakromialem Impingement-Syndrom und Innenrotationsasymmetrie der Schulter.	Mit insgesamt 60 aktiven Baseballspielern (Durchschnittsalter 19 ± 2 Jahre) mit Defiziten in der Bewegungsreichweite im Schulterbereich (nichtdominant – dominant, ≥15°)
Wie sah der Versuchsaufbau der Studie aus?	Die Patienten wurden randomisiert 3 Gruppen zugeordnet. Die erste Gruppe bestand aus 22 Patienten (n = 22) und führte das Behandlungsprogramm + Modifiziertes Cross-Body-Stretching (MCS) durch. Die zweite Gruppe bestand aus 22 Patienten (n = 22) und führte das Behandlungsprogramm + Modifiziertes Sleeper-Stretching (MSS) durch. Die dritte Gruppe bestand aus 23 Patienten (n = 23) und führte ein Behandlungsprogramm, welches nur aus Modalitäten, Bewegungsamplitude (engl. ROM) und Krafttraining bestand, durch. Dehnübungen für die hintere Schulter (engl.	Die Athleten wurden nach dem Zufallsprinzip in zwei Gruppen eingeteilt. Die eine Kontrollgruppe erhielt eine einzelne Behandlung mit instrumentierter manueller Therapie plus Selbstdehnung (n = 30). Die andere Kontrollgruppe erhielt nur die Selbstdehnung (n = 30). Defizite in Innenrotation, horizontaler Adduktion und im Gesamtbewegungsbogen wurden zwischen den Gruppen unmittelbar vor und nach einer einzelnen Behandlungssitzung verglichen. Die Wirksamkeit der Behandlung wurde anhand von mittleren Vergleichsdaten bestimmt, und eine Number-needed-to-treat (NNT)-

	PSSEs) waren kein Bestandteil dieser Gruppe.	Analyse wurde zur Beurteilung des Vorhandenseins von Risikofaktoren der Bewegungsreichweite verwendet.
	Die Dauer betrug bei allen Gruppen 4 Wochen. Der Schmerz, die posteriore Schulterspannung (engl. PST), die Schulterrotationsbewegungsreichweite und die Dysfunktion wurden bewertet.	
Welche relevanten Ergebnisse und Schlussfolgerungen lieferte die Studie?	Alle Behandlungen verbesserten die Schmerzen, Beweglichkeit, Funktion und Behinderung der Schulter bei Patienten mit subakromialem Impingement-Syndrom. Modifizierte Dehnübungen für die hintere Schulter zusätzlich zu einem Behandlungsprogramm waren jedoch dem Behandlungsprogramm allein (ohne modifizierte Dehnübungen für die hintere Schulter), bei der Verbesserung in Hinsicht auf Schmerzen mit Aktivität, Innenrotationsbewegungsamplitude, und Dysfunktion, überlegen.	Ergebnisse: Vor der Intervention zeigten die Spieler auf der dominanten Seite signifikante (P < 0,001) Defizite in der Innenrotation (-26°), im Gesamtbewegungsbogen (-18°) und in der horizontalen Adduktion (-17°). Nach der Intervention zeigten beide Gruppen signifikante Verbesserungen der Bewegungsreichweite, wobei die instrumentierte manuelle Therapie plus Selbstdehnungsgruppe eine stärkere Zunahme der Innenrotation (+5°, P = 0,010), des Gesamtbewegungsbogens (+6°, P = 0,010) und der horizontalen Adduktion (+7°, P = 0,004) im Vergleich zur alleinigen Selbstdehnung aufwies. Bei horizontalen Adduktionsdefiziten verringerte der zusätzliche Einsatz von instrumentierter manueller Therapie mit Selbstdehnung die NNT auf 2,2 (95 % KI, 2,1–2,4; p = 0,010). Schlussfolgerung: Die instrumentierte manuelle Therapie mit Selbstdehnung reduziert signifikant die Risikofaktoren der Bewegungsreichweite bei Baseballspielern mit Bewegungsdefiziten im Vergleich zu reiner Dehnung.
	Klinische Relevanz: Modifizierte Dehnübungen für die hintere Schulter, sind zusätzlich zu einem Behandlungsprogramm für Patienten mit subakromialem Impingement-Syndrom, von Vorteil. Sowohl das Cross-Body- (MCS), als auch das Sleeper-Stretching (MSS), sind sicher und wirksam bei der Verbesserung der Schultermobilität, bei Schmerzen und Funktionsstörungen.	

	Klinische Relevanz: Die zusätzlichen Vorteile der manuellen Therapie können dazu beitragen, Defizite in der Bewegungsreichweite in klinischen Szenarien zu reduzieren, in denen Dehnungen allein unwirksam sind.

5   Tabellenverzeichnis

6   Literaturverzeichnis

Wiemann, K., Klee, A. & Startmann, M. (1998). Filamentäre Quellen der Muskel-Ruhespannung und die Behandlung muskulärer Dysbalancen. *Deutsche Zeitschrift für Sportmedizin, 49* (4), 111–118.

Alter, M. J. (2004). *Science of flexibility* (3. Aufl.). Champaign, IL: Human Kinetics.

Chwilkowski, C. (2006). *Medizinisches Koordinationstraining – Verbesserung der Haltungs- und Bewegungskoordination durch Propriozeption* (2. Aufl.). Köln: Deutscher Trainer Verlag.

Hohmann, A., Lames, M. & Letzelter, M. (2002). *Einführung in die Trainingswissenschaft* (Limpert Sportwissenschaft, 2. Aufl). Wiebelsheim: Limpert.

Glück, S. (2005). *Beeinflussung der Beweglichkeit durch unterschiedliche physische und psychische Einwirkungen.* Dissertation. Universität des Saarlandes, Saarbrücken.

Punjama Tunwattanapong, Ratcharin Kongkasuwan, Vilai Kuptniratsaikul (2006). The effectiveness of a neck and shoulder stretching exercise program among office workers with neck pain: a randomized controlled trial https://pubmed.ncbi.nlm.nih.gov/25780258/

Schönthaler, S. R. & Ohlendorf, K. (2002). *Biomechanische und neurophysiologische Veränderungen nach ein- und mehrfach seriellem passiv-statischem Beweglichkeits- training* (Wissenschaftliche Berichte und Materialien / Bundesinstitut für Sportwis- senschaft, 1. Aufl.). Köln: Sport und Buch Strauß.

Freiwald, J. (2004). *Dehnen – Legenden, Fakten. Vortrag*, Waldenburg.

Knebel, K.-P. (1985). *Funktionsgymnastik*. Reinbek: Rowohlt.

Olivier, N., Marschall, F. & Büsch, D. (2008). *Grundlagen der Trainingswissenschaft und -lehre*. Schorndorf: Hofmann.

Häfelinger, U. & Schuba, V. (2007). *Koordinationstherapie - propriozeptives Training* (Wo Sport Spaß macht, 3., überarb. Aufl). Aachen: Meyer & Meyer.

Özge Tahran, Sevgi Sevi Yeşilyaprak (2020). Effects of Modified Posterior Shoulder Stretching Exercises on Shoulder Mobility, Pain, and Dysfunction in Patients With Subacromial Impingement Syndrome. https://pub-med.ncbi.nlm.nih.gov/32017660/

Lane B Bailey, Charles A Thigpen, Richard J Hawkins, Paul F Beattie, Ellen Shanley (2017). Effectiveness of Manual Therapy and Stretching for Baseball Players With Shoulder Range of Motion Deficits. https://pub-med.ncbi.nlm.nih.gov/28402756/